PRIMA EDIZIONE – MARZO 2015

Autopubblicato con Lulu.com
ISBN n.: 978-1-326-24738-6

Indice Generale

Premessa..5

Ringraziamenti...7

Prima Parte - Che cosa significa Genitorialità.............11

 Una vita una storia: il Signor M.............................15

Intervista..39

Seconda Parte - Il potere emotivo racchiuso in una parola......51

L'ascolto che mantiene viva la comunicazione: il linguaggio dell'accettazione...55

Terza Parte - Appendice Cosa dicono i giovani.............75

Conclusioni...91

Premessa

Nel mio lavorare con i giovani di ogni fascia d'età sento sempre più stringente la loro necessità di sentirsi ascoltati e accolti.

Ricordo un ragazzo che durante lo sportello di ascolto alle scuole medie si sfogò dicendomi che la scuola lo stava disaffezionando allo studio. Al che gli chiesi come mai. E lui mi replicò "....*qualunque cosa faccio non va mai bene. I voti che prendo non bastano mai. Mi dicono sempre puoi fare di più. E pur facendo di più, mi dicono puoi fare di più*"

Sicuramente l'adulto voleva spronare il giovane a dare il meglio di sé. Lodevole, ma era il momento giusto per spronarlo?

O forse era il momento di accogliere e gratificare, per spronare più avanti?

Siamo sicuri che quello che diciamo in risposta ad una persona è in linea con la comunicazione che ci è stata fatta?

Molta gente non sa ascoltare!

Pensa di saperlo ma non ascolta, semmai si ascolta ascoltando.

Un gioco di parole per evidenziare un fatto. Viviamo in un mondo dove la maggior parte della gente è concentrata sul proprio IO!

Da un'indagine sulle parole usate in 500 conversazioni telefoniche di media durata, ben 3900 volte è stata usata la parola IO!

Impariamo dunque ad ascoltare.
Di un ascolto attivo e non passivo!
Thomas Gordon è stato candidato per tre volte Premio Nobel per la Pace (1997, 1998, 1999) per la sua opera rivolta alla famiglia e alla scuola. Egli ha elaborato il Metodo della Comunicazione Efficace quale strumento per favorire un clima democratico e pacifico, ingrediente essenziale per sviluppare le potenzialità della persona.

Noi utilizziamo questo strumento dagli effetti e risultati assolutamente Unici!
Tutti dovrebbero informarsi e formarsi, perché le parole che usiamo e il come le esprimiamo segnano e a volte deragliano il percorso di vita del nostro interlocutore!
Se poi lavoro a contatto con i giovani, è un mio dovere!

Ringraziamenti

Questo Fascicolo nasce anche in collaborazione con Tu sei mio figlio, una Associazione volta a tutelare i minori che da sostegno e quindi strumenti ai genitori in difficoltà. Con Tu sei mio figlio abbiamo promosso molte azioni educative, di intervento sociale e non solo, su tutto il territorio Nazionale.

Nel sito www.tuseimiofiglio.it si possono vedere le numerose attività intraprese, gli Obiettivi, il Protocollo Etico a favore del minore innanzitutto e della famiglia.

Un ringraziamento speciale ai miei collaboratori che hanno saputo ottimizzare i tempi strettissimi, in particolare a Mattea La Barbera e Daniela Occhetti.

Un grazie a Diego Marchesin curatore del testo e dell'arrangiamento video dedicato a questo testo.

Un grazie ai Dirigenti, Insegnanti e tutti i Ragazzi e Bambini che hanno partecipato:

Istituto Comprensivo Duca D'Aosta

Istituto Comprensivo Achille Boroli

Istituto Fauser, Professoressa Gisella Pollastro

Professoressa Elena Rampi

Istituto Sacro Cuore, Maestra Maristella Bellè

Un grazie a chi ha colto l'occasione di partecipare compilando il modulo online presente sul sito di Psicologia Utile.

Questo libro è suddiviso in tre parti
Nella prima parte dopo un'accurata spiegazione sul termine genitorialità, la testimonianza di un padre che dopo una serie di vicissitudini legati alla separazione non ha più avuto modo di vedere le sue due figlie. Un padre che si è visto togliere il diritto di gioire della loro presenza. Non ha commesso reati, non ha leso le sue figlie e la moglie. Niente! Tranne la difficile comunicazione con la compagna e tantissime interferenze da parte di parenti, legali, assistenti sociali!
L'Associazione Tu sei mio figlio (www.tuseimiofiglio.it) è stata l'unica realtà che ha saputo accogliere e corrispondere i bisogni di questo genitore.
Un'intervista che dipana una matassa aggrovigliata intorno a un cuore pulsante d'amore per le figlie!
Nella seconda parte si sviluppa una riflessione su che cosa significa ascoltare e comunicare in maniera efficace, mentre nella terza parte i risultati di un sondaggio avviato nelle scuole elementari, medie e superiori di Novara tra il Novembre 2014 e il

Febbraio 2015, su che cosa significa l'ascolto e il sentirsi ascoltati per i nostri adolescenti. Ben 1086 studenti hanno partecipato.

Prima Parte - Che cosa significa Genitorialità

Il termine *genitorialità* tradotto dalla letteratura anglosassone nel 1959, sotto la voce *parenthood* (Benedek, 1959) fa riferimento ad un "insieme di rappresentazioni, affetti e comportamenti del soggetto in rapporto al proprio bambino\i, che siano essi nati, in gestazione o non concepiti" (Stoleru e Morales-Huet, 1989).

La genitorialità può essere intesa come un processo psichico (intrapsichico e interpsichico) che nasce dallo spazio mentale creato dalla coppia per contenere l'idea del figlio e l'immagine di sé come genitori.

In letteratura si sottolinea il concetto di genitorialità come un'intesa sinergica tra l'evoluzione della funzione materna e della funzione paterna nello spazio coniugale.

La maternità e la paternità sono due concetti molto importanti nella vita di ogni donna e di ogni uomo che vivono processi psicologici e biologici diversi.

La nascita di un bambino rappresenta un evento importante nella vita della donna, ed implica innumerevoli trasformazioni dal punto di vista fisico, psicologico e relazionale.

Il padre ha un ruolo importante all'interno della relazione con il figlio, fin da subito; il suo ruolo però deve essere indagato all'interno della relazione triadica madre-padre-figlio (Baldoni, 2005), il compito del padre è quello di sostenere e proteggere la relazione madre-bambino durante l'infanzia, soprattutto nella fase di maggiori esposizioni alle difficoltà emotive. Un buon svolgimento del ruolo paterno deve poter coniugare gli aspetti protettivi e genitoriali legati alla propria funzione, facilitando autonomia nella mente della madre, rispetto al ruolo fusionale con il figlio.

I padri all'arrivo del proprio bambino rielaborano psicologicamente la relazione con il proprio padre e la risoluzione dei conflitti ad essa legati, per portare a termine il processo di identificazione.

Con il termine *"Bigenitorialità"* nel 1989 la Convenzione Internazionale sui Diritti dell'Infanzia definisce il minore come soggetto di diritti e non solo quale destinatario di protezione e tutela; ma hanno il *diritto* di ricevere affetto, amore, educazione e cure da entrambi i genitori. Può succedere che l'intreccio tra i legami di coniugalità e di genitorialità venga messo a dura prova in caso di separazioni e divorzi. L'elemento *patologico* non è la separazione in sé, ma il tipo e la qualità di relazione che caratterizza le coppie che si separano e che investe, a sua volta i minori. La coppia cogenitoriale è importante per i figli, in quanto li accompagna durante il loro percorso di crescita. Molto spesso a seguito di separazioni o divorzi capita di *lottare per vedere chi vince il premio* (i figli), e i bambini, tendenzialmente devono rinunciare a uno dei due genitori, spesso il padre e, di conseguenza, alla deprivazione delle funzioni genitoriali che gli competono;

questo si verifica nei casi di separazione o divorzi, tendendo il più delle volte ad affidare il bambino alla mamma e il padre viene allontanato con la possibilità di vedere il figlio secondo delle regole ben precise decise in tribunale.

Gardner definì la sindrome di alienazione genitoriale (*PAS parental alienation Syndrome*), intesa come un disturbo psicologico che può insorgere nei figli, generalmente in seguito a separazioni conflittuali non appropriatamente mediate, in cui si verifica una collusione di emozioni, affetti e comportamenti tra un genitore e i figli/o. "Questo disturbo insorge quasi esclusivamente nel contesto delle controversie per la custodia dei figli. In questo disturbo, un genitore (alienatore) attiva un programma di denigrazione contro l'altro genitore (genitore alienato). Tuttavia, questa non è una semplice questione di "lavaggio del cervello" o "programmazione", poiché il bambino fornisce il suo personale contributo alla campagna di denigrazione. È proprio questa combinazione di fattori che legittima una diagnosi di PAS. In presenza di reali abusi o trascuratezza, la diagnosi di PAS non è applicabile" (Gardner, 1989).

Questa sindrome si riscontra prevalentemente nei figli adolescenti, ma anche in ragazzi di 20 anni, non può essere diagnosticata ai bambini poiché non hanno ancora sviluppato le funzioni cognitive adeguate, anche se vi può essere una forte intesa empatica con il genitore che si

prende   cura   di   loro.
L' alienazione genitoriale è prodotta da una sorta di
programmazione, a volte inconsapevole, dei figli da parte
di un genitore patologico (genitore alienante) ed ha come
conseguenza il rifiuto di una qualsiasi relazione con
l'altro genitore, sino ad arrivare ad un estremo sentimento
di rabbia e odio nei suoi confronti.

I figli, in genere, si alleano con il genitore *abbandonato*,
identificandosi a tal punto da diventare portatori degli
stessi sentimenti. Si tratta di un tipo di indifferenziazione
affettiva che non permette di sentire i propri sentimenti e,
di   conseguenza,   di   fare   scelte   autonome   di
comportamento nei confronti dell'altro genitore. Spesso a
complicare il tutto c'è l'effettivo abbandono da parte del
genitore bersaglio dei tentativi di visita ai figli. Il suo
allontanamento   crea   una   situazione   di   assenza   di
confronto con la realtà, se infatti viene a mancare il
contatto con l'altro genitore è più facile cadere vittime
della programmazione perché non può esserci esame
diretto e confronto tra programma e realtà. Inoltre
Gardner (1989) afferma che la PAS è una vera e propria
forma   di   violenza   emotiva,   capace   di   produrre
significative psicopatologie sia nel presente che nella vita
futura dei bambini coinvolti.

Una vita una storia: il Signor M.

Il signor M. si reca presso lo studio della dottoressa Camilli, poiché ha seguito della separazione con la moglie è *costretto* a non poter vedere le proprie figlie, per via delle incombenze legali, e questo ha causato non pochi problemi circa la sfera emotiva, sociale e psicologica.

Durante gli incontri emerge il dolore, per certi versi anche il rancore, di questo uomo che non può partecipare alla vita di tutti i giorni delle proprie bambine, appare rassegnato, molto apatico e sfiduciato nei confronti della vita quotidiana e della società a cui appartiene.

Il signore, per dare un senso alla sua storia, decide di seguire il consiglio della dottoressa e di scrivere. Sfiduciato da tutto e da tutti gli viene proposto di raccogliere la sua testimonianza per evidenziare quante interferenze hanno segnato l'amore di un genitore verso i figli.

L'attenzione che rivolgiamo non è solo nel salvare l'immagine del padre, ma di evidenziare anche le sue mancanze durante il percorso di separazione.

M.: quando parlo, anche quando parlo con lei...devo... ho sempre come dire, stavo sempre attento a cosa dicevo se potevo essere...e nelle prima esperienza...non mi ricordo.. quella col Dott. B. … sono andato lì ho letto le mie... per la prima volta mi sono focalizzato sul problema.. qual'era... e alla fine il dott. B. mi disse: "lei non ha mai parlato delle sue figlie" ...a me è venuto... no rabbia no... non riesco ad esprimere il mio sentimento... però...

Dottoressa Camilli: delusione?

M.: forse si, sentirmi dire...io sapevo benissimo che per fare il papà modello, dovevo andare lì e dire le mie figlie... io invece no, parlavo del problema in sé.. "non è sottinteso che.." quindi io mi focalizzo a parlare delle mie figlie...sono contento perché ci tenevo... ma fondamentalmente non era questo il problema.

Dottoressa Camilli: delusione!

M.: ...forse questa persona doveva concentrarsi più sul problema in sé e non su tutti i gingilli, contorni che si possono mettere attorno ad un discorso. Poteva anche avere la pazienza di capire che chi ha di fronte, magari non è culturalmente preparato a sostenere una conversazione...son terra terra...quindi voglio dire, non può pretendere che io stia a parlare...un discorso sull'infanzia... su che ne so la mia famiglia...quindi questa cosa qui mi aveva fatto...

Dottoressa Camilli: le aveva fatto male.

Il sig. M. poteva vedere le bambine ma non in contesti quotidiani; ad esempio non potevano andar a fare una passeggiata al parco o andare al cinema, poiché gli incontri dovevano avvenire in presenza di educatori, incontri protetti.

M.: Si poi ho rinunciato agli incontri perché come dire...non so... probabilmente non mi andava più... io dico sempre la parola umiliante andare in una stanza...

Dottoressa Camilli: lei, quindi ha rinunciato agli incontri con gli educatori?

M.: SI! Perchè lo trovavo umiliante...

Dottoressa Camilli: Ma le sue figlie erano spontanee in quelle occasioni?

M.: Per me no... la più piccola si, però tenga presente che ho avuto sempre un rapporto normale con le mie figlie...non sono stato un papà modello, ma almeno... anzi... diverso con la più grande invece non trovava mai modo di abbracciarmi, stringermi, invece la più piccola era la più coccolona... ogni minima cosa si buttava addosso, mi abbracciava.

Dottoressa Camilli: certo

M.: questo vuol dire che gli assistenti sociali, erano informati su tutto e per tutto, qualsiasi cosa fanno..devi mandar giù qualsiasi cosa... devi evitare... c'erano *persone che ti guardano come allo zoo*...come una scimmia che sta giocando... non lo so, ma io l'ho vista cosi.. **non appena ho interrotto i rapporti mi son venuti i sensi di colpa, perché magari interrompendo questi incontri ho sbagliato... magari l'importante è che avevamo un contatto, che avevo un contatto con le mie figlie...** anche se resto dell'idea che non era un vero e proprio contatto.

Dottoressa Camilli: li hai interrotti perché non erano spontanei...

M.: NO... però come le ho detto l'ho fatto per *dimostrare* che le bambine non potevano avere qualcosa contro di me... c'era forse...

Interrompendo i rapporti protetti, M., voleva dimostrare che le bambine con lui stavano bene, non correvano nessun pericolo, ma purtroppo ha ottenuto il risultato opposto a quello che pensava di ottenere. Ci si chiede come mai, nasce il motivo degli incontri protetti, tra lui e le figlie, questo avviene a seguito di varie discussioni che M., riporta qui di seguito.

M.: riuscii a portare le bambine nel mio paese, giù in Calabria, uno spazio aperto, quindi le bambine erano abbastanza libere di correre, saltare e respirare aria pura. Mi ero accorto che la bambina più grande riceveva di continuo telefonate dalla parte della mamma, dei nonni, zii, loro gli dicevano qualora avesse avuto dei problemi, loro sarebbero stati disponibili a venirla a prendere.... qualche giorno dopo arriva la mamma accompagnata dai nonni (e noi dovevamo tornare a Novara il giorno dopo). Chiedo spiegazioni alla bambina e mi dice che deve fare i compiti, perché non ha i libri e vuole tornare a Novara.

Nel momento in cui la bambina decise di voler tornare a casa per me...in tutte le dichiarazioni non c'è mai un... "mio papà mi ha fatto questo, mio papà mi ha fatto quello" cerca di difendere sempre la mamma, non racconta mai una cosa diretta tra me e lei..da lì nacque una discussione tra la mia ex moglie e mia mamma...e da lì denunce e tutte ste storie qui, nacque la storia di vedere me....

Dottoressa Camilli: in un ambiente protetto

M.: il mio intento non è togliere le bambine alla mamma, perché sento tanti papà che fanno di tutto per portar via i bambini alla mamma...non voglio vantarmi o che... sono stato qui a far casino in tutto...le bambine è già un trauma cosi grande... la bambina più grande è molto legata alla sua mamma.

Dottoressa Camilli: ma le bambine quando erano con lei si sono divertite?

M.: Ho le foto anche... secondo me si, tranne la bambina più grande che ha questo modo di rapportarsi.
Dottoressa Camilli: sentivano la mamma per telefono

M.: Si... non sentivano solo la mamma..c'era questa cosa qua, che gli continuavano a dire se non stai bene, ti veniamo a prendere. Io sentivo queste conversazioni e mi dispiaceva, però che dovevo fare? Facevo finta di niente...

Il signor M. per non creare ulteriori contrasti con le bambine, faceva finta di nulla durante le conversazioni con la loro mamma, nonni, zii, questo però gli causava una forte sofferenza e non poter vivere quel momento di spensieratezza con le proprie figlie. Durante gli incontri protetti il Signor M., racconta che non si sentiva a proprio agio, non era libero di esprimersi e di potersi godere i momenti con le bimbe, ciò che mancava era ed è tutt'oggi la quotidianità.

M.: ...non c'era un rapporto tra padre e figlio... c'era un rapporto tra educatore e delle bambine... un animatore... quindi a me mancava proprio relazionarmi con le mie figlie..far qualcosa di normale...
La bimba più grande mi ha detto: "visto che tu non hai più voluto fare gli incontri..non voglio neanch'io... e in effetti lo riferisce nelle relazioni, ho avuto una possibilità e me la sono giocata. La mia bambina più piccola durante gli incontri con la psicologa che la sta seguendo in questo percorso ha dichiarato che lei sta bene senza papà...

Dottoressa Camilli: non è naturale più che normale.

M.: ...io volevo una relazione con le mie figlie da padre e figlie e non da (animatore) poi quando ho interrotto gli incontri...ho avuto i sensi di colpa...perché vivevo una relazione (con una donna)... ma non ho interrotto gli incontri protetti perché vivevo questa nuova relazione.... Son venuto da lei perché stava diventando una situazione insostenibile.

Abbiamo scelto questa immagine, perché a volte anche un adulto, un uomo, un papà avverte la necessità di sentirsi dire **ti voglio bene papà,** esattamente come ne hanno bisogno i figli, se cerchiamo per un attimo di dimenticare tutte le leggi, tutte le discussioni e ci immedesimiamo nei padri che non possono sentirsi dire "ti voglio bene" non emergerebbe una profonda tristezza nei nostri cuori e nei nostri occhi? Come accennavamo prima, anche per un figlio è importante sentirsi dire ti voglio bene, poiché a volte si dà per scontato il bene che il papà/che i genitori vogliono ai propri figli, ma non è assolutamente cosi; un bambino, un ragazzo, un adolescente *UN FIGLIO* ha bisogno e avverte la necessità di sentire esprimere queste tre paroline da chi lo ha messo al mondo.

Dottoressa Camilli: certo

M.: ... io stamattina son venuto da lei...non so... non con la speranza di risolvere qua... però con gioia e tutto..

quando vado via per assurdo sto peggio...è poi questa cosa qua, non ho interessi per nessuna cosa... questa apatia qua sta diventando insostenibile.. ci sono giorni che non so cosa fare... proprio non... di solito quando arriva Natale, non mi fraintenda, divento matto. Poi è assurdo che la mia prima figlia a 15 anni rinunci alla vita...ti voglio un mondo di bene e queste cose qua...però mi sembra assurdo che da quando mi sia separato non riesca...

Dottoressa Camilli: e non va bene infatti così.

M.: però... io non so cosa fare, adesso che vado a casa

Dottoressa Camilli: non pensi a cose brutte

M.: non so pensare ad altro.

Si evince una profonda tristezza dal Signor M., sembra non ricevere nessuno stimolo; vive una sua relazione (dopo essersi separato) ma la interrompe, perché crede che anche questo abbia contribuito all'allontanamento delle figlie... trae giovamento nel rivolgersi alla dottoressa Camilli, perché è libero di sfogarsi, emozionarsi e di parlare di ciò che più lo rattrista e lo rende un automa.

È vero che i figli devono lasciar liberi i genitori di decidere il futuro della loro relazione, com'è vero che **i genitori devono ascoltare i bisogni del minore** che solitamente non esprimerà a parole (soprattutto se adolescenti) ma esprimerà attraverso paure, insicurezze e un senso di colpa perché può capitare di sentirsi causa della separazione.

Negli incontri con la Dottoressa Camilli, il signor M., racconta delle sue angosce, paure vissute e raccontate non solo rappresentate dalla lontananza dalle sue figlie, ma anche dalle varie udienze a cui deve presenziare e ogni qualvolta non si arriva ad una sentenza che dica può vedere le sue figlie, vive una delusione, che amplificano le sue paure. Da sempre il Signor M., ha dichiarato il grande affetto per le sue figlie, la mancanza di dialogo a cui è sottoposto e le interferenze che ci sono state da terze persone hanno portato lo stesso ad una serie di disagi emotivi, con conseguente somatizzazione in una serie di disturbi fisici che gli stessi medici (con esami alla mano) hanno riconosciuto dovuti ad una forma di stress perpetrata negli anni.

M.: sento un senso di smarrimento... non so dirglielo... le parole della più grande in parole povere sono: non vuole vedermi perché sono già quattro volte...una possibilità me l'ha data...mi sono comportato male con sua mamma...adesso è serena...non vuole ricreare rapporti conflittuali...l'altra bimba può vivere senza papà perciò sono un ingrato. Ho anche chiuso la relazione con quella ragazza, non so più cosa fare, questo ha peggiorato anche le cose.

Dottoressa Camilli: ma perché ha voluto finire questa storia?

M.: perché sono insicuro in tutto.

Dottoressa Camilli: ..lei si stava affezionando a questa ragazza?

M.: SI

Dottoressa Camilli: e allora perché ha chiuso? Per farsi del male?

M.: lei mi ha scritto un messaggio dove diceva che io sono abituato totalmente alla sofferenza che non so apprezzare le cose...le cose belle che la vita mi offre.

Dottoressa Camilli: probabilmente guardi è quello...è come se si volesse flagellare
nel non diritto di poter essere sereno e felice.

M.: forse una delle mie figlie ce l'ha con me...io penso che ce l'abbia con me fondamentalmente perché non sono stato con sua mamma...che per altro... quando andavo a trovarla dai nonni, le portavo l'ovetto Kinder...alla fine mi diceva ma si hai portato l'ovetto Kinder ma perché non dai i soldi alla mamma. Io non davo ancora nulla a sua mamma, era appena successo. Ma fondamentalmente lei ce l'ha con me da subito...so che mi trova assurdo...so che è egoistico...ma lei non deve avercela con me...ce la deve avere con altri.

Dottoressa Camilli: lei non deve avercela punto...perché è figlia punto...

M.: mi perdoni che è un po'... anche lei dovrebbe vivere serenamente.

Dottoressa Camilli: il problema è che quando vengono messi in mezzo i figli e si mettono a giudicare le decisioni dei genitori non sapendo...perché solo lei e sua moglie sapete come sono andate le cose.

M.: io non ho mai avuto problemi a dire come sono andate le cose

Dottoressa Camilli: si... ma le parti in causa siete voi due...poi sono state tirate dentro le figlie... però torniamo a questa storia che lei ha deciso di troncare...che bene o male era una valvola di sfogo... era una boccata di ossigeno... perché rinunciarci?

M.: ...gliel'ho detto la mia insicurezza... come dire...non riesco a vivere la cosa..che te ne frega ti meriti questi giorni qua...

Dottoressa Camilli: o per lo meno se c'è una persona che prova affetto per lei non la respinga...perché domani non sa cosa farà.. anche costruire un qualcosa... al momento... con tutte le situazioni che stanno franando intorno a lei.

M.: già franate!

Dottoressa Camilli: diventa un po' difficile però rifiutare un'ancora...che può essere questa ragazza...che comunque qualcosa le dava e ulteriormente aiutarla agevola il franare delle situazioni che stanno franando comunque.

M.: Io immagino di aver già trovato una necessità...in un rapporto di coppia e tutto...camminare in una strada infinita...un po' di equilibrio...il fatto che mi si voglia bene...di essere amato...non so com'è...

Dottoressa Camilli: ma questa ragazza non lo faceva?

M.: si a modo suo si...ma *a me manca l'amore delle mie figlie*

Dottoressa Camilli: il fatto che la confermavano affettivamente...che le dicevano ti voglio bene papà.

M.: il fatto di non aver quello per me è diventato un'ossessione. Come vivo una relazione...non è...non la vivo...non so amare..non so più fare niente...tutte le sfumature le vedo io...tutte... inizio prima di cominciare una storia a viverla male ancora prima di cominciarla, quindi per me non è fattibile...

M.: a volte non riesco a capire i miei sentimenti.

Dottoressa Camilli: guardi che i figli quando sono in confusione esasperano. Esasperano una condizione di normalità coniugale, si figuri nel caso in cui vi è una separazione.

M.: io con le mie figlie ho vissuto talmente poco...ho avuto un rapporto conflittuale, con la più grande non le dico...sono andato davanti scuola due minuti a parlarle e mi ha detto perché non te ne vai. M. non la conosco..

Dottoressa Camilli: è sua figlia

M.: sono qui anche per lei.

M., racconta della storia vissuta con una ragazza; lui, vivendo una relazione, si mette in gioco, per capire i suoi sentimenti verso questa ragazza, verso le figlie e verso la vita in generale.

Nel momento in cui dice non so amare è come se chiudesse la porta alla felicità, all'amore e a ciò che potrebbe farlo star **bene**. Andare a letto sereno e risvegliarsi altrettanto. Noi pensiamo che sia giusto lottare per le proprie bambine, ma deve nello stesso tempo riprendere in mano la sua vita, di star bene con sé stesso e con il contesto in cui egli è inserito. Svegliandosi mattina dopo mattina con la volontà di poter creare/ricreare il rapporto con le sue bambine.

Dottoressa Camilli: la sua famiglia cosa ne pensa?

M.: Ho tutto l'appoggio possibile, però la mia famiglia è distante, poi ognuno ha i suoi problemi, non posso scaricare sempre i miei problemi su di loro.

Dottoressa Camilli: lei in questa faccenda è solo?

M.: si...anche perché io sono timido e riservato...da quando è successa questa cosa sono diventato una .... nel prato

Il sig. M. alla domanda della dottoressa risponde che non se la sente di creare altri problemi alla sua famiglia, ma in questa frase si sente la necessità e il bisogno di aver vicino la propria famiglia. A volte ascoltare ed essere ascoltato anche se non vi è rimedio per le situazioni problematiche, non può che fare bene. Sedersi, guardare l'altra persona negli occhi e cominciare a raccontare cosa ci affligge e cercare le soluzioni migliori, permettendo a chi sta raccontando di sfogarsi e di sentirsi compreso da chi lo ascolta.

M.: ...Sono più di tre anni che non vedo una delle mie figlie...sono tre anni e mezzo... almeno una l'ho vista in tribunale, l'altra no niente, per questo motivo io ogni tanto mi ribello... l'unica cosa che faccio è pagare le ricevute...poi se sono d'accordo o no non conta. Le mie bambine sono state male di salute e io l'ho saputo per via delle ricevute di pagamento.

Dottoressa Camilli: è che è una situazione fortemente ingarbugliata...purtroppo con l'andare del tempo... sua moglie non ha fatto passi nei suoi confronti a tutela delle bambine...perché comunque, per quanto lei possa avere una caratteraccio... *lei è sempre il padre delle sue figlie...* e visto che non ha fatto violenza fisica, psicologica e verbale alle sue figlie...

M.: quando andavo a vedere le mie figlie davanti alla scuola...li chiamavano appostamenti...cose cosi...

Dottoressa Camilli: Proprio strumentalizzavano quello che lei faceva...

M.: per me si...per la legge no!
da otto anni vivo sempre le stesse situazioni... in tribunale è venuto fuori che le amiche di mia figlia mi considerano un maniaco perché andavo a vederla fuori dalla scuola, le correvo dietro. Insultando sua mamma e tutto o mi è sfuggito qualcosa... come dire ho seguito un momento.

Dottoressa Camilli: quindi hanno dichiarato il falso?

M.: o come dire..non è che hanno dichiarato il falso, io qualcosa avrei anche potuto dire a mia figlia... adesso come le ho detto..sto un po' scomodo... io ho perso un po'...non ricordavo tutto quanto, non riesco... però posso ricordarmi anche quello che mi diceva la mamma delle bambine davanti alle mie figlie. Io ho visto la reazione di mia figlia il 10 dicembre dello scorso anno, stava leggendo un libro era serena, abbiamo parlato tranquillamente.. era serenissima, l'ho vista l'altro giorno in tribunale e sembrava gelida, terrorizzata.

Dottoressa Camilli: l'ha salutata sua figlia mercoledì?

M.: NO...anche davanti alla scuola come le ho detto...lo sapevo... invece un anno fa era stata serena e tranquilla...tenga presente che per un anno noi non ci siamo visti... poi ero andato davanti a scuola ed è venuta fuori sta cosa qua..adesso non so... sono sfiduciato..però...

Il sig., M., sfiduciato non solo dalla legge ma anche dai comportamenti messi in atto dalla figlia, ha paura che non riconquisterà l'amore e l'affetto delle figlie. A volte i figli esagerano gli aspetti della separazione dei genitori schierandosi da una qualche parte, i figli soprattutto se adolescenti, cercano di prendere delle decisioni da soli, quando poi in realtà non è cosi, perché si è sempre condizionati da qualcosa o da qualcuno. **Gli adolescenti avrebbero soltanto bisogno di poter esprimere le proprie emozioni, timori di fronte a qualcuno che li possa comprendere ed aiutare ad elaborare i *traumi* emotivi subiti.**

Per me Ascoltare una persona è una forma di rispetto che non può mancare in un rapporto tra due persone Civili!

Dottoressa Camilli: ...poi vi siete sposati e la prima bambina quando è arrivata?

M.: ...dopo un anno

Dottoressa Camilli: l'avete desiderato?

M.: SI...doveva essere una bambina e doveva chiamarsi
…........

Dottoressa Camilli: quando è arrivata? Emozione?

M.: si...tantissima...l'ho tenuta in braccio per tre mesi...lei l'ha tenuta in grembo per 8 mesi, è nata prima...

Dottoressa Camilli: se lo ricorda ancora?

M.: si..anche della bimba più piccola mi ricordo. Mi dispiace moltissimo perché come dire non la sto vedendo crescere.

Dottoressa Camilli: quando parla delle sue figlie lei si illumina con un sorriso carico d'amore... poi se non vedo male si è fatto due tatuaggi sul collo che indicano il nome delle sue figlie, ma la posizione destra è sinistra è voluta?
M.: Si. La sinistra indica la bambina più grande perchè ci sono stato più insieme...

Dottoressa Camilli: è come se le avesse sempre con se le sue figlie? Lei vuole proprio bene alle sue figlie.

M.: però adesso sono diventate delle estranee.

Dottoressa Camilli: ma sono le sue figlie e probabilmente saranno arrabbiate. Arrabbiate con tutte le contraddizioni delle età, le paure dell'età.

M.: ma la mia bambina più grande è stata sempre arrabbiata quindi...fondamentalmente anche adesso tante volte ho paura di non essere all'altezza

Dottoressa Camilli: chi? Lei?

M.: si

Dottoressa Camilli: ma lei è il papà.

M.: non credo a queste cose qua io.

Dottoressa Camilli: si lei è il papà.

M.: non lo so... non mi fanno nemmeno male queste cose qua... quando mi ha detto la storia del maniaco, non mi interessa più, quindi non posso dire, questo o quell'altro... fondamentalmente ho fatto molti errori però sono la causa di certe situazioni non è che l'avessi fatto per cause particolari.
Non vedo più quell'essere papà ultimamente...un papà ce l'hai in casa.. sempre un surrogato...sempre comunque un comportarsi in... non la vedo più con la libertà di essere...secondo me quando si entra in certe situazioni, queste sono loro a scegliere.

Dottoressa Camilli: no, è che il vostro rapporto è molto interferito... prima lei era molto molto commosso.

M.: si va beh...è vero.

Dottoressa Camilli: perché sono le sue figlie e lei è il papà...ma il vostro rapporto è stato strappato, interferito...si sono messe in mezzo un sacco di persone...

di **_addetti ai lavori_** che hanno creato una gran confusione e anziché far da collante, hanno creato delle interferenze, non vi hanno messo in comunicazione.

M.: non lo so magari è un mio pessimismo naturale che ho...non saprei nemmeno da dove cominciare.

Intervista

Barbara: ...Sa che lei stesso a volte dice che prende e apre tante finestre quando parla... invece in questo modo qua deve aprirla e la deve chiudere... perché se va troppo lungo si rende conto lei stesso che sta andando fuori tema... ***Rispetto alle bambine cosa si aspetta lei di poter ricevere dalle sue figlie?***

D.: non so più perché non sono quelle che ho lasciato... non sono più due bambine quindi io non mi so rapportare "a due sconosciute" che "adesso non conosco"... ho detto tante volte che la bimba più piccola se la incontro per strada non so nemmeno se la riconosco... fondamentalmente adesso ormai sono 4 anni che non la vedo

Barbara: quando …... dice sto bene senza papà come si sente?

D.: non mi fa effetto perché fondamentalmente... poi magari sarà una mia riflessione... perché non sono parole sue... già negli incontri con l'assistente sociale aveva detto delle cose che non potevano venir da lei...

Barbara: tipo?

D.: tipo da grande cambierò il mio cognome... non mi piace... oppure tu sei uno scorpione pungi con la coda... 2009 la bambina aveva 6 anni però dal mio punto di vista conoscendo chi mi sta intorno so come mai ha detto quelle cose là... e anche la storia che posso vivere senza papà... l'ho detto mille volte che i nonni in modo particolare tendevano ad influenzare le bambine...

Barbara: quando ha fatto i tatuaggi nel collo?

D.: 2012-2013 forse o forse 2011

Barbara: e che tatuaggi sono?

D.: una F e una M

Barbara: ma il lato del corpo ha un significato?

D.: forse perché F è la prima solo per quello... fosse stata M. sarebbe venuta M. sulla sinistra ma non c'è un... queste macchinazioni non le facciamo...

Barbara: perché il collo?

D.: forse perché le avessi avute tutte per me... paura magari di... nel tempo che la cosa si affievolisca

Barbara: cioè?

D.: che la loro presenza si affievolisca... per averle più vicine possibili...

Barbara: le sue figlie lo sanno?

D.: non lo so... ho visto F. ma principalmente era sempre in inverno... secondo me si vede ma non so se si è accorta...

Barbara: alle sue figlie quante volte ha detto: "Ti voglio bene"?

D.: quando eravamo assieme spesso glielo dico...

Barbara: glielo diceva?

D.: si con tutte e due... io è normale... quando mi fanno ste domande qua...sono sempre da dire... perché...

Barbara: glielo diceva?

D.: si si... anzi

Barbara: sa ci sono genitori che a volte mi dicono "Ma si è scontato!", al che io dico... "Non è scontato dire Ti voglio bene!"
D.: per assurdo io ho imparato tanto dalla mamma di F. e M. ma non queste cose...

Barbara: ah si?!

D.: si si... perché comunque le mie figlie sono state ...poi F. eravamo molto legati poi era legatissima a sua mamma, poi per varie..... io facevo i turni quando lei aveva bisogno a scuola chiamavano me perché ero più disponibile a casa, andavo io, poi ci sono particolari che le ho sempre detto, poi sono ripetitivo, M. lo stesso da piccolina doveva andare il bagno, diceva papà va beh, quindi il nostro rapporto da piccoline era cosi "normale".... non lo so

Barbara: Qual'è la cosa che le manca di più di F. e M.? Nel rapporto con le bambine? Oltre a dire tutto perché da genitore manca tutto, ma delle cose significative che le mancano

D.: sembra passato tantissimo tempo... (silenzio) prima fanno parte...come un'appendice...tendenzialmente sono molto schematico ....mi manca molto stringergli le loro manine, però da piccoline non quelle di adulte, mi manca il loro odore, la loro risata..che ne so essere davanti la tele quando guardavo la partita, di guardare i cartoni animati anziché vedere il film o il telegiornale, lo so che sono cose stupide però queste cose qua... il fatto che ne so di non riuscire a riprendere delle cose che come dire, non so se usare il termine"crescere con loro" sapere i loro interessi, scoprire i loro interessi...queste cose qua, non lo so...non riesco a...(risata) l'ha detto lei mi manca tutto, mi mancano loro praticamente, mi mancano loro come persone, sono tante le cose che mancano.

Barbara: qual'è la cosa che le piacerebbe poterle dire?

D.: più che dirle, un contatto fisico...

Barbara: di che tipo?

D.: un abbraccio...come lei ha detto prima erano piccoline, anche sentire l'odore di quando erano bambine.

Barbara: e l'idea di guardarle negli occhi?

D.: ….................(non capisco) più che le parole come le ho detto, è proprio il contatto come diceva lei, anche di guardarsi, certe volte le loro espressioni

Barbara: si perché la parola depista, il contatto visivo no, il corpo non mente..la parola ti può depistare.

D.: di parole ce n'è pieno il mare, poi non lo so, perchè adesso, da anni, ci fanno delle domande e devo rispondere in modo più articolato, convincente possibile....queste cose qua... poi come ha detto lei certe volte mi portavano fuori...perchè magari una parola detta in un modo che in un altro diventa l'opposto del significato che si voleva dare.

Barbara: infatti ci sono stati degli incontri protetti

D.: si

Barbara: dove ad un certo punto ha detto basta

D.: si

Barbara: ecco in quel momento là che cos'è che le è scattato? Poi le figlie dicono no, ma non hai fatto nulla, non hai fatto nulla per, cos'è che è scattato?

D.: io non è che ho escluso gli incontri protetti, io li avrei accettati perché non c'era altro modo, io l'ho fatto per dimostrare che fondamentalmente le mie figlie non avevano niente da temere, secondo il mio punto di vista, anche loro lo sapevano benissimo, queste cose qua, in effetti quando abbiamo fatto questi incontri F. ed M. erano state assegnate a due educatrici separate, ai primi due incontri al massimo erano presenti tutte e due secondo me erano "arrabbiate" eravamo in una stanza dove c'era uno specchio, loro "erano presenti" si ascoltava, tralasciando il mio stato d'animo si giocava, tenga presente che F. mi teneva la mano, c'erano delle difficoltà a seguire tutte e due contemporaneamente però,

44

era evidente non c'era bisogno di stare là, in effetti ne veniva una sola agli incontri dopo 3 incontri, 3 al massimo, ne veniva una sola, tra "quella che veniva" non stava là nemmeno con noi "ci lasciava lo spazio per noi" da soli...io quello che gli avevo chiesto finita la situazione degli incontri...siamo andati a Torino per un' udienza e dove il giudice o moderatore non so come viene definito ha deciso di continuare questi incontri protetti...io gli ho spiegato che tutto è nato da una situazione familiare perchè la mia ex voleva di più a livello economico...e l'ho fatto presente al giudice, poi ho parlato con le due educatrici dove gli ho esposto di avere più libertà di vedere le bambine, cioè non pretendevo di fare chissà che, avevo chiesto di andarle a prendere a scuola, o da casa prenderle al mattino e portarle a scuola.. da scuola a casa saranno stati tre minuti... poi gliel'ho detto a loro, loro hanno riferito alla C. hanno avuto un contatto telefonico, poi lei mi ha detto che loro avevano un programma che avrei dovuto seguirlo, queste cose qua..io come faccio... poi dopo qualche tempo mi ha chiamato per dirmi qua là...non l'ho voluto fare più...

Barbara: tornasse indietro?

D.: li rifarei

Barbara: li rifarebbe ancora?

D.: si li rifarei, sono stato orgoglioso

Barbara: verso chi?
D.: verso tutto.. sto usando delle parole che non hanno senso...anche per F. ed M., non vedere questo distacco, poi ora, forse anche per non ritrovarmi in questo stato visto le situazioni che sono successe.

Barbara: quindi aveva timore che potessero accadere e alla fine.

D.: sono accadute

Barbara: quindi dice se potesse tornei indietro e gli incontri li farei

D.: per loro ma anche per me

Barbara: cosa le lasciava l'amaro in bocca dell'esperienza che ha fatto?

D.: non lo so... prima cosa non essere me stesso perché comunque lì una minima cosa, non so come definirla, tenga presente che si andava in un luogo chiuso con due bambine che possono avere un atteggiamento un po' di "estraneo" perchè oltre a giocare è tutto sei è anche un po' estraneo e tutto, questa forma di riavvicinamento farlo in un luogo chiuso dove sei costretto a fare determinate cose, quindi non si è spontanei al contatto, che ne so, può essere più libere, diversificando gli interessi, invece in un luogo chiuso ci sono dei giochi, giochi..anche se Martina era molto più libera se c'era qualcosa che non va si buttava addosso, cercando di essere protetta anche dalla sorella, la sorella le faceva dei dispetti piuttosto che..F. invece ad ogni minima occasione con la scusa di colpirmi con il gioco cercava molto di venirmi addosso, però lo faceva in modo più distaccato... e comunque mi dava tantissimo fastidio questa cosa qua di non essere me stesso come non lo erano loro.

Barbara: Ma l'educatore dov'era?

D.: fuori

Barbara: fuori dalla porta

D.: Si

Barbara: ma la porta era aperta o socchiusa

D.: spalancata, la prima volta c'erano le educatrici, la seconda volta erano tre, la terza volte una sola che ci lasciava più tranquilli, liberi.. poi diventa monotono giocare con la stessa cosa, piuttosto che con un'altra... alla fine si trattava di intrattenere le mie figlie, e le mie figlie di sorbirsi di me ...

Barbara: aveva questa sensazione?

D.: Si.. come lei va al tatto con suo figlio lo tiene per mano,magari passa il signore, vede il piccione, vede il cane diventa più naturale la cosa...

Barbara: lei si sentiva forzato?

D.: Si, poi un paio di volte le ho portate a casa, però portarle a casa potevo tenerle un'ora, tenga presente alle 5 del pomeriggio dovevo portarle da Galliate a Novara e poi portarle indietro, poi là ci voleva mezz'ora per andare e mezz'ora per tornare, poi in effetti mi sono preso delle sceneggiate che secondo me la Caprino non è intervenuta però

Barbara: sceneggiate da chi?

D.: dalla mamma di F. ed M.

Barbara: perché arrivava tardi?

D.: si

Barbara: di tanto tempo?
D.: no...ma poi non aveva importanza se arrivassi tardi, sarà stata mezz'ora anche meno

Barbara: avvisava per telefono?

D.: ma era il tempo materiale di dire, anzi dovevo dirgli io alle bambine andiamo o facciamo tardi

Barbara: un'ora vola via

D.: arrivare a Galliate alle 5 del pomeriggio... si immagini lei come facevo ad arrivare presto da Novara, poi dovevo fargli fare anche merenda, poi una di queste due volte, F. aveva bisogno di una matita e sotto da me c'era una cartolibreria e siamo andati a vedere il tempo è passato

Barbara: com'è stata quella volta, al di là del ritardo? Una routine... quella volta che è stato a casa

D.: a me manca questa routine qua, mi manca che Federica non avesse fatto i compiti e aveva paura della maestra, a me manca questa cosa qua, mi manca la loro presenza, a prescindere da qualsiasi cosa, mi manca di averle tra i piedi il più possibile....

Barbara: in ogni senso

D.: si.

Seconda Parte - Il potere emotivo racchiuso in una parola

Spesso si da per scontato il potere emotivo racchiuso in una parola. In realtà in base a come viene pronunciata ed a come viene accolta dalla persona che ci ascolta una parola può generare delle scelte, il modo di essere, il futuro.

Quando fin da piccoli si viene chiamati in un determinato modo, si viene stimolati ad orientarci verso quella direzione. Direzione che può essere allineata con il nostro percorso di vita seguendo inclinazioni e attitudini. Direzione che può subire delle deviazioni che inducono a deviare momentaneamente dal proprio tragitto per ritornarci in seguito: pensate agli hobby od alle passioni. Ci sono anche casi dove parole reiterate nel tempo ed ascoltate da bambini hanno fatto letteralmente deragliare portando la persona verso altre mete. Parole dette da persone che non hanno saputo ascoltare, accogliere il vissuto, l'inclinazione, l'attitudine di quel bambino.

Nella comunicazione si cade facilmente ed erroneamente nell'abitudine di anticipare i contenuti dell'interlocutore senza lasciarlo finire di esprimersi, adducendo che "tanto si è già capito! Si sa che cosa vuole dire. Si sa che cosa vuole chiedere!".

In questo passaggio vi è solo una certezza: sappiamo cosa abbiamo in testa noi e presumiamo di sapere cosa ha in testa il nostro interlocutore!

Presumiamo...

Certo che, limitare la possibilità di espressione dell'altro, equivale a non metterlo nelle condizioni di esprimersi sotto tutti i punti di vista.

Non lasciarlo esprimere vuol dire, soprattutto se l'altro è un piccolo interlocutore, non fargli vivere l'esperienza della fatica a raccogliere pensieri, idee ed emozioni che accompagnano la richiesta, la riflessione, il parere.

È un po' come avvicinare una palla ad un bambino piccolo: di sicuro con il gesto lo si aiuta, ma se il bambino non aveva chiesto la palla oppure il nostro aiuto, gli si insegna a non fare fatica, ad avere quello che non ha chiesto, ad ottenere senza sapere se era proprio quello di cui aveva realmente bisogno.

Quando si parla si deve fare fatica.

La fatica di trovare la parola giusta da dire a quella persona e in quello specifico momento.

La fatica a pronunciare delle parole piuttosto che altre. Pensate al primo "Ti voglio bene" da adolescenti. Rossore, calore, impaccio, brividi, tremore, disagio, euforia sono un tutt'uno nella persona che sta esprimendo quel sentimento.

La fatica di accompagnare nel modo giusto il nostro stato emotivo. Le emozioni vestono le parole di un significato sottile ma nel contempo profondo. L'emozione in una frase è quella che rimane nell'anima della persona che la riceve, mentre le parole si possono dimenticare. L'emozione provata invece rimane.

Le parole dunque hanno una grande responsabilità. Quella di alleggerire l'animo delle persone, ma anche di appesantirle al punto tale da sviluppare malattie, disagi e patologie di vario genere.

Riporto una riflessione di un ragazzo di quattordici anni, invitando il lettore ad ascoltare il testo che segue con la testa, con il cuore e con il corpo.

Mi manca la parola papà
Mi manca la sua voce
Mi sento un vuoto dentro
Mi mancano le sue sgridate
Non ce la faccio a stare solo senza che mi dice: "Come è andata la giornata Marco?!"
Mi manca il suo calore e anche il suo cuore
Io volevo crescere con mio padre e parlare come facevamo tanto tempo fa

Marco Sansone 14 anni

L'ascolto che mantiene viva la comunicazione: il linguaggio dell'accettazione

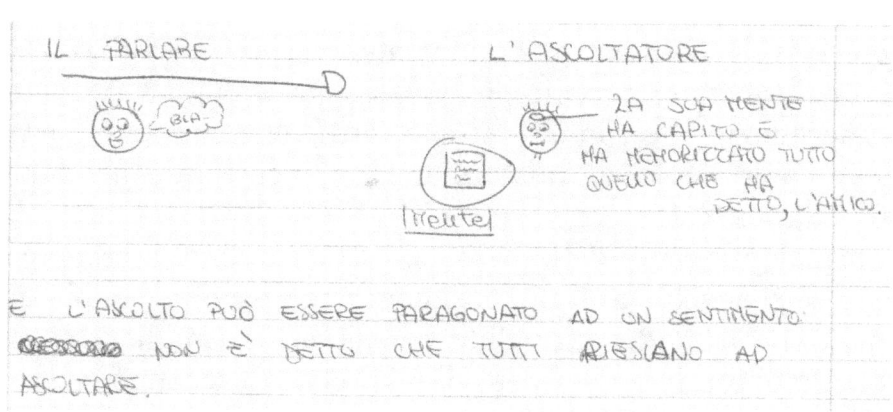

IL PARLARE   L' ASCOLTATORE

LA SUA MENTE HA CAPITO E HA MEMORIZZATO TUTTO QUELLO CHE HA DETTO, L'AMICO.

[mente]

E L'ASCOLTO PUÒ ESSERE PARAGONATO AD UN SENTIMENTO: NON È DETTO CHE TUTTI RIESCANO AD ASCOLTARE.

Il potere del linguaggio dell'accettazione

Quando una persona è capace di provare e di comunicare a un'altra una sincera accettazione, essa può diventare di grande aiuto.

L'accettazione dell'altro così com'è è determinante per: costruire una relazione in cui l'altro possa crescere, maturare, operare cambiamenti costruttivi, imparare a risolvere problemi, tendere ad un equilibrio psicologico, diventare più produttivo e creativo, realizzare pienamente il proprio potenziale.

È uno di quei paradossi semplici della vita: quando una persona sente di essere sinceramente accettata per quello che è, si sente libera di prendere in considerazione un possibile cambiamento, di pensare a una possibile crescita, a cosa vorrebbe diventare, a come realizzare maggiormente il proprio potenziale.

L'accettazione è come il terreno fertile che permette a un seme minuscolo di trasformarsi nel bel fiore che può diventare.

La maggior parte delle persone è stata indotta a credere che se si accetta un figlio così com'è, questi non cambierà mai; che il modo più valido per aiutarlo a migliorarsi è quello di dirgli quali aspetti di lui non sono accettabili.

Di conseguenza la maggior parte dei genitori ricorre a piene mani al linguaggio della non accettazione, pensando che sia il modo migliore per aiutare i figli. Solo che così facendo, il terreno che si offre ai propri figli è intriso di valutazioni, giudizi, critiche, prediche, massime morali, ammonizioni, ordini e altri messaggi che trasmettono la non accettazione.

Dice una ragazza tredicenne:
mi ripetono talmente spesso che sono cattiva, che le mie idee sono stupide e che non possono fidarsi di me, che finisco nel comportarmi sempre più spesso in un modo che a loro non piace. Se loro già pensano di me che sono cattiva e stupida, tanto vale che continuo a fare quello che faccio.

I genitori che imparano a manifestare attraverso le parole una sincera accettazione al figlio, dispongono di uno strumento che può produrre risultati straordinari. Possono incoraggiare l'autostima e l'auto accettazione del figlio. Possono promuovere il suo sviluppo e agevolare la realizzazione del potenziale di cui è geneticamente dotato. Possono accelerare il suo passaggio dalla dipendenza all'indipendenza e all'autocontrollo.

Di tutte le conseguenze dell'accettazione, la più importante è che il figlio si sente amato. **Accettare l'altro così com'è, è veramente un atto d'amore: sentirsi accettati significa sentirsi amati.**

La psicologia sta solo adesso cominciando a prendere atto dell'immenso potere insito nel sentirsi amati: è un sentimento che promuove la crescita mentale e fisica, ed è forse l'agente terapeutico più efficace che si conosca per riparare i danni psicologici e fisici.

L'accettazione va dimostrata chiaramente

Non basta provare accettazione per un figlio, occorre che il figlio si senta accettato.

Se l'accettazione del genitore non è percepita dal figlio, è facile che non abbia alcun effetto su di lui. Il genitore deve imparare a manifestare la propria accettazione in modo che il figlio la percepisca.

Per farlo, occorrono abilità specifiche. I genitori per lo più considerano l'accettazione come qualcosa di passivo: uno stato d'animo, un sentimento, un atteggiamento. È vero. L'accettazione ha origine da un moto interiore, ma per essere una forza effettivamente capace di influenzare l'altro deve essere comunicata o dimostrata attivamente.

La parola può guarire e indurre un cambiamento costruttivo. Ma deve essere il giusto tipo di parola. Il modo di rivolgersi ai figli determina l'efficacia o la distruttività del genitore.

Ma di che cosa si tratta?

Si tratta principalmente di imparare a parlare agli altri in modo costruttivo. Gli psicologi la definiscono comunicazione terapeutica, nel senso che alcuni tipi di messaggi hanno un effetto terapeutico o salutare: le fanno sentire meglio, le incoraggiano, le aiutano a esprimere le emozioni.

Altri tipi di comunicazione invece sono non terapeutici. Sono messaggi che tendono a far sentire l'altro giudicato, colpevole, ostacolano l'espressione dei sentimenti, minacciano la sua persona.

Da dove incominciare?

Innanzitutto si tratta di prendere coscienza del proprio modo abituale di comunicare per coglierne gli aspetti distruttivi o non terapeutici. Poi è necessari istruirli su nuovi modi di interagire con i figli.

Come comunicare accettazione in modo non verbale

Possiamo comunicare sia con il parlato (ciò che diciamo) sia con il linguaggi del corpo (non verbale).

Il non verbale viene comunicato dalla gestualità, dalla postura, dalle espressioni del volto.

Se ad esempio agito la mano destra allontanandola dal corpo e con il palmo della mano rivolta al figlio, è probabile che interpreti il gesto con un "Va via!" o "Sta lontano da me!".

Se girate il palmo della mano e muovete la mano verso di voi probabilmente il ragazzo percepirà questo gesto come un messaggio di avvicinamento del tipo "Vieni qui!" o "Avvicinati" o "Mi piacerebbe averti qui vicino a me".

Il non intervenire come messaggio di accettazione

I genitori possono esprimere accettazione semplicemente non intervenendo nelle sue attività.

Se, ad esempio il figlio cerca di costruire il castello di sabbia sulla spiaggia e il genitore è occupato a fare delle cose per conto proprio consente al figlio di fare errori o di realizzare la sua idea di castello. In questo modo il genitore invia al figlio un messaggio non verbale di accettazione.

Non intervenire mentre il figlio è impegnato in qualche attività è un modo efficace per comunicare accettazione a livello non verbale.

Molti genitori non si rendono conto della frequenza con cui comunicano non accettazione semplicemente interferendo, intromettendosi, controllando, partecipando alle sue attività.

I genitori a volte si preoccupano troppo di insegnare ("Ecco come dovrebbe essere un castello!"). si sentono a disagio quando commettono errori ("Costruisci il castello lontano dalle onde altrimenti le onde te lo butteranno giù!"). Vogliono sentirsi fieri delle doti del figlio ("Guarda che bel castello a costruito il nostro Gianni") .....

Ecco che il non fare (non intervenire) e il non dire (il silenzio) può comunicare con chiarezza l'accettazione.

Comunicare accettazione verbalmente

È utile che i genitori esaminino molto attentamente il proprio modo di comunicare con il figlio perché la loro efficacia come educatori dipende in larga misura dal comportamento verbale.

Esercitazione

1. Immaginate che una sera a cena vostro figlio quindicenne dichiari:

"Questa scuola va bene per chi ha tempo da perdere. Ti insegnano una quantità di cose inutili che non servono a niente. Ho deciso di non andare all'università. Per diventare qualcuno non serve la laurea. Ci sono molti altri modi per avere successo nella vita"

2. Vostra figlia di dieci anni vi dice: "Non so proprio che cos'ho che non va. Prima a Marta ero simpatica, ma ora non più. Non scende più a giocare con me. E se vado a casa sua la trovo sempre insieme ad Alessandra. E loro due giocano e si divertono mentre io resto lì da sola. Le odio tutte e due"

3. All'improvviso vostro figlio urlando dice: "Siete un branco di scarafaggi puzzolenti. Vi odio"

Scrivete ora la vostra risposta a questi messaggi così risonanti.

I vari modi con cui avete risposto possono essere classificati in categorie.
Si può affermare che ce ne sono circa dodici, che sintetizzano le reazioni verbali dei genitori.
Ora prendete le vostre risposte e provate a classificarle all'interno delle categorie sotto suggerite

1. Dare ordini, dirigere, comandare

2.   consiste nel dire al figlio di fare qualcosa, dargli un ordine o un comando

3.   Mettere in guardia, ammonire, minacciare
dire al figlio quali saranno le conseguenze delle sue azioni

4.   Esortare, moralizzare, fare la predica
dire al ragazzo che cosa dovrebbe fare o sarebbe bene che facesse

5.   Consigliare, offrire soluzioni,
dire al figlio come risolvere il problema dando consigli, suggerimenti, soluzioni

6.   Insegnare, argomentare, persuadere
cercare di influenzare il figlio con fatti, argomentazioni, ragionamenti, informazioni o con le proprie opinioni

7.   Criticare, giudicare, opporsi
dare un giudizio o una valutazione negativa del ragazzo

8.   Elogiare, assecondare
dare un giudizio o una valutazione positiva del ragazzo oppure essere d'accordo

9.   Etichettare, ridicolizzare, umiliare

indurre il figlio a sentirsi stupido, affibbiargli un etichetta, umiliarlo

10. Interpretare, analizzare, diagnosticare
dire al ragazzo quali sono i motivi del suo comportamento o analizzare perché sta facendo o dicendo qualcosa, comunicargli la vostra diagnosi o l'idea che vi siete fatti di lui

11. Rassicurare, simpatizzare, consolare, sostenere
Inquisire, far domande, indagare cercare di farlo sentire meglio, distrarlo dal suo stato d'animo, dissipare le sue emozioni, negare la pesantezza dei suoi stati d'animo

12. Minimizzare, cambiare argomento, scherzare, distrarre.
distogliere l'attenzione del figlio dal problema, tirarvi indietro, distrarre il ragazzo, fare dello spirito o eludere il problema

13. Inquisire, fare domande, indagare
cercare ragioni, motivi, cause, richiedere altre informazioni che possono aiutarvi a risolvere il problema

Se siete riusciti a collocare le vostre risposte in una delle dodici categorie rientrate nella normalità.

Bene, ma ora che abbiamo capito come parliamo, cosa si fa?

Le "Dodici risposte tipiche"

Per comprendere gli effetti che queste dodici risposte possono avere sui figli o sul rapporto genitore figlio, occorre spiegare ai genitori che le loro risposte verbali contengono in genere più di un significato o di un messaggio.

Per esempio:
Suggerire a una figlia che si lamenta di sentirsi trascurata dall'amica del cuore *"prova a trattarla meglio, e forse di darà più retta!"* comunica molto di più del semplice contenuto del messaggio.
La figlia potrebbe cogliere uno o più dei seguenti messaggi nascosti:
non accetti il mio stato d'animo per cui vuoi che cambi
non ti fidi della mia capacità di risolvere il problema da sola
allora credi che sia colpa mia
credi che io non sia intelligente quanto te
pensi che stia facendo una cosa cattiva o sbagliata

Quando i genitori dicono qualcosa a un figlio spesso dicono qualcosa su di lui. Questo è il motivo per cui

qualsiasi comunicazione con un figlio ha un impatto tanto grande su di lui e sulla relazione con voi.

Ogni volta che parlate con vostro figlio **aggiungete un mattone** alla relazione che state costruendo insieme. E ogni messaggio gli comunica cosa pensate di lui. Gradatamente il figlio costruisce un'immagine di come lo percepite in quanto persona.

La parola può essere costruttiva per il figlio e per la relazione, ma può anche essere distruttiva.

Provate a pensare all'effetto che ha su di voi quando, condividendo con un amico stati d'animo, sentimenti o problemi questi vi risponde adottando le dodici risposte tipiche. Come vi sentite?

Come mettere in pratica la capacità di ascolto

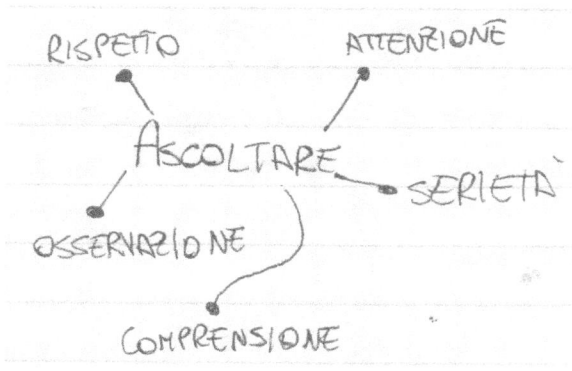

Le frasi invito

Uno dei modi più efficaci e costruttivi per rispondere ai messaggi dei figli che esprimono sentimenti e problemi sono le "frasi invito" o "inviti a dire di più".
Si tratta di risposte che non veicolano le idee, i giudizi o i sentimenti dell'ascolto, ma invitano i figli a esprimere le proprie idee, giudizi o sentimenti.
Sono segnali di "via libera" che lo incoraggiano a parlare.

Le più semplici sono:

Capisco.
Davvero.
Ah!
Non mi dire.
Mmm.
Incredibile.
Ma guarda un po'.
Ah sì, eh?
Interessante.
Ma veramente!

Altre invitano a dire di più:

Raccontami.
Di che si tratta?
Spiegati meglio.

66

Vorrei sapere cosa ne pensi.
Ti va di parlarne?
Parliamone.
Cosa vuoi dire.
Dimmi tutto.
Parla, ti ascolto.
Mi pare che tu voglia dire qualcosa.
Mi sembra che sia molto importante per te.

Queste frasi invito possono facilitare molto la comunicazione, incoraggiando a iniziare o a continuare un discorso, lasciando all'altro l'iniziativa di esprimersi come vuole.

La maggior parte dei genitori può riuscire a cambiare a patto che trovi il coraggio di provare e cominci a ricorrervi quotidianamente.
L'importante è fare dei tentativi perché i risultati compenseranno gli sforzi.
È inevitabile che ci siano degli insuccessi all'inizio. Tuttavia chi si impegna vedrà migliorare la capacità dei loro figli di crescere in modo indipendente e maturo, stabilendo con essi un rapporto più intimo e affettuoso.

L'ascolto attivo

C'è un altro modo di rispondere ai messaggi dei giovani, infinitamente più efficace delle frasi invito che sono semplici stimoli a parlare e che si limitano ad aprire la porta alla loro comunicazione. Ma i genitori devono anche essere pronti e imparare a tenere quella porta aperta.

L'ascolto attivo è un modo splendido per collegare "mittente" e "ricevente". Il ricevente diventa attivo quanto il mittente.

Ma ora, prima di imparare come ascoltare attivamente, è necessario comprendere meglio cosa succede durante il processo di comunicazione fra due persone.

Ogni volta che un figlio decide di comunicare, lo fa perché ha un bisogno, perché c'è in lui una tensione, vuole qualcosa, si sente a disagio, prova un particolare sentimento verso qualcosa: diciamo che il suo organismo è in stato di squilibrio e per riequilibrarlo ha deciso di parlare.

Poniamo ad esempio che abbia fame.

Esempio:

Ragazzo affamato

Per disfarsi dalla fame (stato di squilibrio) il ragazzo diventa mittente che comunica qualcosa che, secondo lui, potrebbe procurargli del cibo. Non può descrivere effettivamente che cosa gli stia accadendo (la fame) poiché la fame è un insieme di processi fisiologici che hanno luogo dentro l'organismo.

Pertanto, per comunicare la fame dovrà selezionare dei segnali che, secondo lui, possono rappresentare questo stato. Questa selezione si chiama processo di codifica: e il figlio così sceglie un suo codice.

ragazzo affamato

processo di codifica

Quando è pronta la cena?

La madre quando riceve il messaggio lo deve decodificare per comprendere il significato di ciò che sta realmente accadendo al figlio.

Se la madre decodifica in maniera accurata capirà che il figlio è affamato. Ma se decodifica male, penserà che il figlio ha fretta di mangiare per poter uscire a giocare prima di andare a letto; si può ovviamente così affermare che la madre ha frainteso il messaggio, ed il processo di comunicazione è stato interrotto. E il problema sta proprio nel fatto che né la madre, né il figlio sanno che ciò è accaduto perché il figlio non può leggere nel pensiero della madre e la madre non può leggere nel pensiero del figlio.

Nel momento in cui la madre decodifica il messaggio può decidere di controllare l'accuratezza della stessa per essere sicura di non aver capito male, con frasi del tipo: "Vorresti avere il tempo di andare a giocare prima di andare a letto".

Dopo aver ascoltato bene il feedback della madre il figlio può rispondere con la sua decodifica. Ad es: Figlio: "Non volevo dire questo. Mamma. Ho proprio fame e vorrei mangiare subito:"

Madre: "ho capito. Hai molta fame che ne dici di uno spuntino prima di cena perché così aspettiamo il papà?"

Figlio: "Va bene, farò lo spuntino"

La madre con questo feedback si è posta in ascolto attivo verso il figlio.

Con questo tipo di ascolto il genitore decodifica accuratamente gli stati d'animo del figlio, quello che avviene dentro di lui senza valutazioni, consigli, analisi o porre domande.

Invia esclusivamente la propria decodifica del messaggio del figlio senza aggiungere né togliere nulla ad esso.

L'uso dell'ascolto attivo è consigliato quando il figlio fa capire di avere un problema. Di solito ci si accorge della presenza di un problema dai sentimenti che manifestano i figli: sentimenti che segnalano disagio e malessere.

Per riconoscere i momenti in cui è opportuno ricorrere all'ascolto attivo bisogna sintonizzarsi sulla comunicazione del figlio per cogliere la presenza del problema nel messaggio.

Altra cosa importantissima: l'ascolto attivo è utile quando il problema è del figlio, ma diventa inopportuno quando il problema è del genitore.

A cosa serve l'ascolto attivo?

Aiuta i figli a prendere coscienza dei propri sentimenti. Dopo averli espressi spesso si dissolvono.

Aiuta i figli ad avere meno paura delle emozioni negative. "Le emozioni sono amiche", questo va detto ai figli per aiutarli a capire che le emozioni non sono cattive. Quando un genitore con l'ascolto attivo dimostra di accettare i sentimenti del figlio, questi si sente incoraggiato ad accettarle anche lui.

Promuove l'intimità tra genitori e figli. L'esperienza di sentirsi ascoltati è così soddisfacente che inevitabilmente genera nel mittente sentimenti positivi nei confronti di chi ascolta. I figli in particolare reagiscono con sentimenti e pensieri pieni d'amore.

Facilita nel figlio il processo autonomo di soluzione dei problemi. Sappiamo tutti che è più facile elaborare un problema quando se ne parla piuttosto che limitarci a rifletterci su. L'ascolto attivo facilita l'altro nella ricerca di soluzioni ai propri problemi.

Rende il figlio più ricettivo rispetto alle idee e opinioni dei genitori. Tutti sono più disponibili ad ascoltare se prima ci siamo sentiti ascoltati a nostra volta. Quando si dice che il figlio non ascolta mai il genitore bisogna domandarsi se a sua volta si ascolta il figlio.

Lascia condurre il gioco al figlio. I figli diventano capaci di eseguire delle riflessioni autonome al proprio problema. L'ascolto attivo lo incoraggia a pensare con la propria testa, a fare la propria diagnosi sul problema.

Gli atteggiamenti richiesti dall'ascolto attivo

Ci sono alcuni atteggiamenti che sono fondamentali se si vuole utilizzare questa forma di ascolto. Nel caso in cui sono assenti il genitore non riuscirà ad essere un efficace ascoltatore.

Deve esserci la volontà di ascoltare. Se non avete tempo, basta dirlo.

Deve esserci la sincera volontà di aiutarlo con quel determinato problema. Se non ve la sentite aspettate il momento opportuno.

Deve sentirsi genuinamente in grado di accettare il suo stato d'animo, qualunque esso sia e per quanto diverso dal vostro. Ci vuole molto tempo prima di sviluppare questo tipo di atteggiamento

Dovete avere un profonda fiducia nella sua capacità di gestire i propri sentimenti. La fiducia verrà osservando come il figlio risolve il problema

Dovete avere ben chiaro che gli stati d'animo sono transitori non permanenti. I sentimenti cambiano: l'odio si può trasformare in amore, lo scoraggiamento la speranza. Di conseguenza non abbiate paura dei suoi sentimenti.

Dovete essere in grado di considerare vostro figlio una persona distinta da voi. Questa separazione vi permetterà di concedergli i suoi stati d'animo e il suo modo di vedere le cose. Dovete accompagnarlo mentre vive il suo problema e non identificarvi con lui.

I rischi dell'ascolto attivo

L'ascolto attivo chiede che il genitore metta da parte i propri sentimenti e pensieri per concentrarsi esclusivamente sul messaggio del figlio. Ci deve essere una ricezione acuta.

Se il genitore vuole comprendere il vero significato che il figlio attribuisce al proprio messaggio deve mettersi nei suoi panni (nel suo schema di riferimento, nel suo mondo), solo allora il genitore potrà capire il significato che il figlio intende dare al suo messaggio.

L'ascolto attivo ha un effetto non solo in chi lo riceve ma anche in chi lo impiega: comprendere correttamente i pensieri e i sentimenti di un'altra persona, comporta il rischio di veder mutare le proprie opinioni o atteggiamenti.

Ecco che la comprensione autentica produce cambiamento nelle persone. Aprendoci all'altro ci esponiamo all'eventualità di dover rivedere la nostra esperienza, e questo può spaventare. Una persona rigidamente barricata sulla difensiva non può permettersi di esporsi a punti di vista diversi dai propri. Una persona duttile e aperta, per contro non teme il cambiamento.

I figli reagiscono positivamente quando scorgono nella madre e nel padre la disponibilità a cambiare e a vivere la propria umanità.

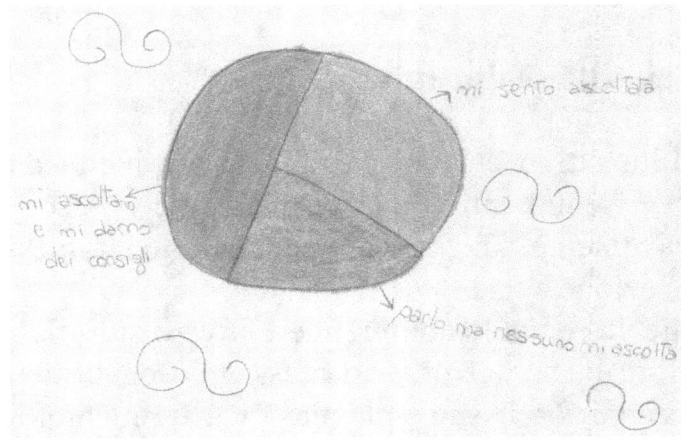

Terza Parte - Appendice Cosa dicono i giovani

Grazie alla collaborazione degli Istituti Comprensivi di Novara è stato possibile realizzare una raccolta di informazioni in breve tempo. Per questo ringraziamo sentitamente i Dirigenti, il corpo insegnante e gli studenti partecipe dell'iniziativa.

Dopo una spiegazione del progetto le insegnanti avevano la consegna di non dare troppe spiegazioni in accompagnamento al questionario di per sé completamente anonimo.

L'interesse è rivolto a cosa i giovani pensano e sentono sulla parola ascolto. Quali i significati che vi attribuiscono.

Da una prima lettura emerge una fatto evidente: da una condizione di massima creatività espressa dai bambini delle elementari, dove alla richiesta di rappresentare graficamente l'ascolto di sono espressi in forme e colori carichi di espressione, alle medie si respira una grande fatica e anche uno scetticismo a volte dichiarato. Per approdare poi alle superiori dove la pochezza delle parole esprime molto chiaramente la fatica, la paura e a volte la rabbia!

Un ragazzo scrive *"Tempo fa stavo ascoltando la radio e ho sentito un ragazzo che diceva che quando una persona ascolta si ricorda quello che è stato detto, se non se lo ricorda vuol dire che ha solo sentito quello che veniva detto forse è la cosa più giusta che abbia mai ascoltato"*.

I nostri giovani, dai più piccoli ai più grandi hanno diritto alla congruenza da parte di noi adulti visto la comunicazione falsata e ambigua a cui sono soggetti tra media, social network e vari altri mezzi di comunicazione.

Vanno tutelati nel loro diritto di espressione e questo nei nostri corsi e progetti di educazione alla salute, sicurezza stradale e di difesa personale lo verifichiamo costantemente.

Un altro fatto che balza all'occhio è l'attenzione posta a tre forme di ascolto: a scuola, a casa e con gli amici.

Principalmente i giovani associano l'ascolto alla comunicazione con mamma e papà, oppure a scuola con il professore e la maestra rappresentandolo anche graficamente.

Alla ricerca **hanno partecipato**

1086 giovani suddivisi in:

Elementari Maschi 138 Femmine 122

Medie Maschi 341 Femmine 368

Superiori Maschi 94 Femmine 9

Online Tra 10 e 80 anni: Maschi 2 Femmine 12

Sul sito di Psicologia Utile alla Sezione Naturalmente Mamma e Papà sarà possibile trovare tutte le risposte dei bambini.
Riportiamo alcune tra le numerose risposte.

Emerge comunque una forte necessità ad essere ascoltati, a ricevere esempi da parte degli adulti.
Sono consapevoli che l'ascolto è dato dall'incontro tra due persone che si esprimono attraverso i sentimenti. Quindi un emozionale e non solo il razionale!
Alcuni hanno dichiarato di far fatica a rispondere o addirittura di trovare la domanda difficile. Questo è significativo di quanta poca attenzione si pone ad uno dei maggiori bisogni dell'essere umano!

Risposte dei ragazzi

L' ascolto per me è?

- E' una domanda difficile
- quando i miei genitori non parlano al telefono
- Mi sento ascoltato quando l'altro non mi dice "EH!!"
- per me è un modo per comunicare, farsi capire e anche per scherzare. In ambito scolastico è un modo per imparare e arricchire la nostra mente
- un dono molto prezioso per far capire da persona a persona quello che si vuole dire
- ascoltare in silenzio
- quando mio papà torna da lavorare stanco e ha tempo di parlare con me e di aiutarmi

- quando parlo con le altre persone nelle chat dei videogiochi
- essere liberi di far ascoltare le opinioni
- una forma di comprensione perché quando si ascolta una persona bisogna capire ciò che dice
- stare attenti con le orecchie ma soprattutto col cervello
- capire ciò che ci viene detto, diventare l'essenza delle parole. Concretizzare le parole e trasformarle, trasformarle per raggiungere il loro significato più profondo
- Quando ascolti pensi a ciò che viene detto, rifletti. L'ascolto è anche il rispetto verso la persona che sta parlando
- capire le parole, non semplicemente sentire
- una cosa che ti cambia la vita
- Una forma di rispetto
- importante
- interagire discutere
- un sentimento e una cosa che ti fa stare bene perché mi fa capire di non essere solo
- Quando una persona mi ascolta, quando perde il suo tempo per parlare ed ascoltare quello che ho da dirgli
- ricevere attenzioni
- Un metodo importante per orientarsi nella società, l'ascolto delle opinioni di ogni persona rappresenta la democrazia ed è parte essenziale nei rapporti

- ascoltare non vuol dire guardare in faccia una persona e farla parlare senza capire cosa dice, ma vuol dire, guardarla negli occhi e comprendere cosa sta dicendo. Soprattutto nella mia età, l'adolescenza un periodo difficile, è fondamentale, aiutare, farsi capire e sfogarsi, magari in famiglia o con gli amici, ma se non si hanno questi supporti chi ti ascolta? Nessuno. Così poi si tende ad accumulare tutta la rabbia dentro se stessi e o diventare depressi. È fondamentale sfogarsi e farsi ascoltare da qualcuno

- secondo me ascoltare vuol dire dedicare tempo e attenzione a persone che mettono il medesimo tempo e la medesima attenzione nel dirci quello che stiamo ascoltando

- una capacità che hanno tutti ma che non tutti siamo in grado di usarlo. Le persone lo usano solo quando è veramente necessario. È la capacità di comprendere, capire e allo stesso tempo sentire con il proprio corpo i sentimenti delle altre persone

- una forma di comunicazione tra più persone

- una forma di apprendimento, un modo per conoscere la persona

- ascoltare i bisogni degli altri

- un sentimento che esce dal cuore come se fosse rimasto li per tanto tempo e avrebbe tanta voglia di uscire

Generalmente mi sento ascoltato quando?
- **L'essere guardati in faccia**
- solo quando mi fanno una domanda
- ricevere una risposta
- il fatto o meglio la singola azione di chinare il capo in avanti
- siamo a tavola e parliamo
- quando le persone si siedono per esempio sul letto con me e io gli dico ciò che provo
- ho bisogno, mi serve aiuto
- di solito io non mi sento tanto ascoltata soprattutto dai miei genitori ad esempio devo chiamare mia madre per tante volte prima che mi risponda e mi ascolti se no devo chiamarla per nome perché se no non mi ascolta

- quando insieme ai miei genitori parlo di come ho passato la giornata
- avere delle domande a seguito della riflessione
- quando mia mamma che sta leggendo mi guarda vuol dire che mi sta ascoltando
- Mi sentono
- spesso non vengo ascoltata , le volte in cui mi sento più ascoltata sono a scuola e da una mia amica in particolare
- di solito non mi sento molto ascoltata, a volte sembra che nessuno riesca a capire ciò che dico, o forse non danno peso alle mie parole, questo con i miei genitori, con gli amici invece è tutto il contrario
- non sempre sono ascoltata anche perché magari noto delle preferenze e mi demoralizzo. Quando invece faccio "di tutto" per farmi notare (alzo la mano, mi muovo, chiamo la professoressa) e mi ascolta sono sollevata perché capita raramente
- quando vedo gli occhi del professore che guardano la mia bocca
- In famiglia da alcune persone si ma da altre no perché cerco di parlare ma quando non ho ancora finito iniziano a ridere, interrompermi o prendermi in giro. Io cerco di fargli capire che non fa ridere e secondo che non posso mai esprimere una mia espressione perché poi mi viene subito commentata o ribattuta in modo non giusto

- ci sono vari momenti in cui non mi sento per niente ascoltata, tipo certe volte parlo di cose importanti per me e la risposta è semplicemente "ok, passiamo avanti" in quei momenti li l'ascolto equivale a zero
- quasi mai, gli altri fanno sempre cose più importanti, a casa raramente, giusto se devo dire una cosa brutta tipo un voto, a scuola, quando cerco di dire qualcosa alle mie amiche, non mi ascoltano sempre, ascoltano di più i maschi
- **A casa non sempre ma sono ascoltato ed è un grande privilegio. Per ciò ringrazio coloro che mi ascoltano, soprattutto a coloro che gli secca o lo stesso pure per me che molte volte non lo faccio**
- a scuola alzo la mano e dico qualcosa mentre tutti mi guardano
- Mi sento ascoltata anche dal mio cane, anzi lui, forse è quello che mi ascolta di più tra tutti perché sia quando gli parlo di cose belle e sia quando gli parlo di cose brutte sento che lui mi capisce
- Ora ci sono i cellulari e per di più parlo attraverso questo oggetto con i miei amici, ma non solo, quando esco sento di essere ascoltata da qualcuno, ma non tutti sanno ascoltare
- quando qualcuno capisce i miei sentimenti e le mie emozioni
- faccio casino

- **Quando una persona rivolge la propria attenzione alle mie parole**
- **la persona a cui sono rivolto mi guarda in faccia, smette di fare quello che stava facendo**
- **Quando c'è contatto visivo**
- Ritorno a casa e cerco senza essere interrotta dai miei genitori
- Mi sento più ascoltata quando c'è da dire in classe la lezione o quando leggo alcune cose importanti sui libri di scuola
- quando una persona mi presta attenzione quando parlo o dico qualcosa in modo corretto come ad esempio a scuola
- da quando è iniziata la seconda media ho notato molti cambiamenti in me. Per esempio sono molto lunatica e nevrotica e tendo ad arrabbiarmi e perdere la pazienza per ogni minima cosa. Adesso anche una mosca mi manda in bestia. Questo perché non ho più nessuno che mi ascolta, e nessuno capisce cosa sto veramente subendo; non avendo più attenzioni da nessuno, accumulo tutto dentro e prima o poi rilascerò tutto, secondo me, nel peggiore dei modi. Non mi sento più ascoltata
- dai compagni molto, dalle professoresse non più tanto. Quando magari c'è un periodo che non studio, i professori al posto di invogliarmi a studiare, al posto di farmi tornare la voglia mi sottovalutano subito

- quando un amico mi precede e mi chiede "tutto ok?" senza che io abbia detto nulla, perché capisco che non ascolta solo le mie parole ma anche i miei gesti, il mio sguardo, le mie espressioni. L'ascolto non si limita solo alla parola

- solo dalle mie amiche, perché a loro interessa quello che dico, mentre quando parlo con i miei genitori la mia parola non è molto importante perché sono più piccola e danno per scontato che quando parlo dico cose stupide

- il fatto che la persona che mi stia ascoltando lo faccia con il cuore e perché ci tiene a me e non perché è uno psicologo a 80€ l'ora. Chi è obbligato ad ascoltarmi non mi fa sentire per nulla ascoltata

Cosa mi fa sentire ascoltato?

- quando una persona non fa niente quando parlo
- quando una persona prova delle emozioni per quello che io racconto
- non lo so non mi ascolta nessuno
- mi sento ascoltata solo quando una persona esce dai suoi problemi e capisce i miei allora si che sto meglio
- il fatto che una persona s'interessi a quello che dico o al fatto che mi guardi e che capisca
- quando parlo di qualcosa che può fare ridere, importante o finire su internet
- mi fa sentire molto bene
- l'espressione di quello che mi sta ascoltando e lo sguardo
- quando per esempio la mamma ti dice: "dai, su dimmi cosa c'è che non va?" allora li ti accorgi che hai una persona che ti ascolta
- Quando non mi interrompono
- Quando sento la mia voce
- La v blu su Whatsapp delle registrazioni
- quando mi guardano e mi rispondono
- quando il mio atteggiamento è buono
- quando uno o una mi guarda in faccia. Non mi fa sentire ascoltato quando io sto spiegando una cosa e se ne va

- essere ascoltato mi fa sentire meglio perché è come se non fossi più solo
- ricevo delle domande
- quando c'è silenzio
- una persona che pensa a ciò che dico
- mi sento la mia importanza e mi sento grande

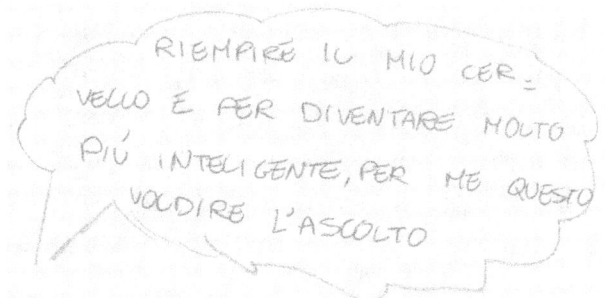

RIEMPIRE IL MIO CERVELLO E PER DIVENTARE MOLTO PIÙ INTELLIGENTE, PER ME QUESTO VUOLDIRE L'ASCOLTO

Scrivo una riflessione o rappresento che cosa significa l'ascolto per me.

- l'ascolto è come un sentimento che si ha o non si ha la scelta va sempre a noi
- ascoltare è bello perché si imparano tante cose
- ascoltare è bello perché si imparano tante cose con cui si possono risolvere tanti dubbi
- secondo me chi non possiede l'ascolto non può lasciare un pezzo di cuore in ogni parte del mondo perché alcune cose non puoi ascoltarle

- Quando qualcuno mi dedica attenzione, quando qualcuno si prende cura di me, quando so che posso parlare con persone che ci tengono e che mi vogliono bene
- Io sarei contenta (anzi, molto!) se mi ascoltassero a casa e non mi interrompessero ogni parola che dico
- Per me l'ascolto è importante, per esempio, voglio dire un bel voto a mia madre ma lei continua a muoversi
- se ho 80 anni o ne ho 4, ecco cosa significa l'ascolto per me, vuol dire che non gli importo come o chi sono, perché sono una persona, ho pur sempre dei sentimenti, che colui che mi parla o mi ascolta mi porge rispetto e non mi interrompe o disturba mentre lo faccio, questo per me è ascolto.
- ascoltare significa immaginare. Ascoltare è ben diverso da "sentire". Ascoltare può lenire, far sentire bene, informare o semplicemente può far comunicare persone. Senza l'ascolto be... io probabilmente mi sarei già suicidato
- per me l'ascolto non è farsi scivolare addosso le parole degli altri, ma è "sentirsene parte" in modo da poter rispondere a chi ci parla e magari poterlo aiutare
- secondo me ci sono due tipi di ascolto: quello scolastico in cui bisogna raccogliere più informazioni possibili per capire e quello sociale (giornaliero) è quando ci sono delle persone di cui ti fidi, e si fidano, a cui

racconti i tuoi problemi, le tue cose private, per cercare una soluzione, insomma ci si aiuta a vicenda

• Ascoltare non è sempre facile, ci si può distrarre e se non si ascolta bene si può anche fraintendere. Infine, penso anche che saper ascoltare sia molto bello e istruttivo

• Professoressa: "cosa hai fatto quando sei andata in vacanza in quel posto?" - Io: "ho fatto, ho visitato..." - Professoressa: "Ah! Allora è stato bello" - Io: felice (cosa che magari succede con una mia compagna e a me no)

• una volta successe un episodio tra me e mia sorella perché lei ha avuto una giornata molto difficile e a cena non parlava. Finito di cenare andai in camera sua e ascoltai le motivazioni per le quali era un po' arrabbiata e cercammo di risolverle insieme

• Immaginiamo di lavorare per 1 o 2 mesi ad un cartellone di protesta con tanti disegni, lavori scritti e poi lo inviamo al sindaco della nostra città o a chiunque altro e questo immenso lavoro non viene neanche guardato. Noi ci rimaniamo malissimo perché abbiamo esposto un problema e non siamo stati ascoltati.

• l'ascolto è una cosa che non riguarda solo la scuola ma anche consigli per essere prudenti

• tempo fa stavo ascoltando la radio e ho sentito un ragazzo che diceva che quando una persona ascolta si ricorda quello che è stato detto, se non se lo ricorda vuol dire che ha solo sentito quello che veniva detto forse è la cosa più giusta che abbia mai ascoltato

Conclusioni

Dedicato a quanti hanno a che fare con il mondo dell'infanzia e dei giovani.
Ricordiamoci sempre che noi siamo un mezzo che deve attualizzare e non reprimere lo sviluppo delle loro potenzialità!

E una donna che reggeva un bambino al seno il disse
"Parlateci dei figli"
E lui disse "I vostri figli, non sono figli vostri
sono figli e figlie della sete che la vita ha di se stessa...
essi vengono attraverso di voi ma non da voi
e benché vivano con voi non vi appartengono.
Potete donare loro amore ma non i vostri pensieri.
Potete offrire rifugio ai loro corpi ma non alle loro anime,
esse abitano la casa del domani,
che non vi sarà concesso di visitare neppure in sogno.
Potete tentare di essere simili a loro
ma non farli simili a voi.
La vita procede e non s'attarda sul passato.
Voi sete gli archi da cui i figli come le frecce
sono scoccate in avanti.
L'Arciere vede il bersaglio sul sentiero dell'infinito
e vi tende con forza
affinché le sue frecce vadano rapide e lontane.
Affidatevi con gioia alla mano dell'Arciere
poiché come ama il volo della freccia

così ama la fermezza dell'arco

Kahlil Gibran

Giorgio Blandino, 1998, *Le capacità relazionali*, UTET, Torino
Jasper Juul, 2001, *Il bambino competente*, Feltrinelli, Milano
Thomas Gordon, 1994, *Genitori Efficaci*, La Meridiana
Barbara Camilli, 2012, *Il mondo di Bagigio*, Astragalo, Novara

www.psicologia-utile.it *Associazione Psicologia Utile*

www.tuseimiofiglio.it

www.ingramcontent.com/pod-product-compliance
Lightning Source LLC
Chambersburg PA
CBHW060109300526
45791CB00018B/952